AF262150

RECHERCHES

SUR

L'ORIGINE, LA DESTINATION CHEZ LES ANCIENS,

ET L'UTILITÉ ACTUELLE

DES

HIÉROGLYPHIQUES

D'HORAPOLLON.

UNIVERSITÉ DE FRANCE.

ACADÉMIE DE PARIS.

FACULTÉ DES LETTRES.

THÈSE POUR LE DOCTORAT.

RECHERCHES

SUR

L'ORIGINE, LA DESTINATION CHEZ LES ANCIENS,

ET L'UTILITÉ ACTUELLE

DES

HIÉROGLYPHIQUES

D'HORAPOLLON,

PAR CH. LENORMANT.

Paris,

IMPRIMERIE DE BOURGOGNE ET MARTINET,

RUE JACOB, 30.

1838.

RECHERCHES

SUR

L'ORIGINE, LA DESTINATION CHEZ LES ANCIENS,

ET L'UTILITÉ ACTUELLE

DES

HIÉROGLYPHIQUES

D'HORAPOLLON.

La fortune du livre d'Horapollon a été diverse et singulière.

En grande faveur au xvie siècle, à une époque où la critique comparative n'existait pas encore, après avoir fourni des éléments mal compris et plus mal employés encore à ces compositions d'emblèmes qui furent une des fantaisies de nos pères, le livre des *Hiéroglyphiques* tomba dans un discrédit complet. A mesure que l'antiquité fut mieux appréciée et compta des interprètes plus ingénieux et plus sûrs, Horapollon fut jugé plus sévèrement. On laissa aux rêve-creux de la science l'étude d'un ouvrage inintelligible et absurde. Jamais la défaveur d'Horapollon ne fut plus marquée qu'au moment même où son utilité allait se manifester d'une manière incontestable : F. A. Wolff (1) l'avait traité d'*écrivain ignorant du* v^e *au* vi^e *siècle de notre ère.* Son livre, au dire de cet habile critique, ne contenait qu'une détestable explication des hiéroglyphes égyptiens, certainement contraire à l'esprit de la haute antiquité. Wyttenbach (2) plus tard parla de l'auteur des *Hiéroglyphiques*

---

(1) *Vorlesungen ueber die Geschichte der Grieschischen Literatur,* vol. II, p. 409.
(2) *Dict. de Hist. philos.,* aet. 1, sect. 3, § 8.

comme d'un Grec du Bas-Empire, compilateur inepte, qui s'était
efforcé de donner du relief à son méchant écrit en le décorant du
nom divin d'Horapollon. Ces erreurs de deux savants illustres sont
importantes à relever aujourd'hui : elles démontrent de quel esprit
nouveau la science doit être animée quand elle aborde l'archéologie orientale ; elles font voir que le sens en apparence le plus juste
de la littérature grecque peut conduire, en fait d'études égyptiennes, à des conclusions tout-à-fait erronées.

A Champollion revient l'honneur d'avoir le premier démontré la
connexion étroite du livre d'Horapollon avec le système hiéroglyphique des Egyptiens. Cette identité, déjà signalée dans le *Précis* (1),
est devenue de plus en plus évidente, et chaque pas fait dans la
lecture des hiéroglyphes a contribué à accroître l'importance de
leur antique interprète. Dès lors le texte d'Horapollon, jusque là
négligé par la philologie, est devenu l'objet de sérieuses études.
Nous possédons aujourd'hui une édition d'Horapollon qui, quant
au texte, ne laisse presque plus rien à désirer, et dans laquelle la
comparaison des monuments avec les explications de l'auteur grec
a fait encore de nouveaux progrès (2).

Il est quelques points, toutefois, sur lesquels le dernier éditeur
d'Horapollon, M. Leemans, me paraît avoir laissé sa tâche imparfaite. Nous savons maintenant, à n'en plus douter, que le livre des
Hiéroglyphiques contient l'interprétation exacte d'un grand nombre de caractères de l'écriture sacrée égyptienne ; mais l'origine et
l'intention précise de l'ouvrage nous sont demeurées inconnues : c'est
ce problème intéressant que je vais tâcher de résoudre.

Plusieurs des questions que M. Leemans et ses devanciers ont
traitées à propos du livre d'Horapollon sont aussi restées sans solu-
tion ; quelques unes ne seront sans doute jamais complétement
éclaircies. Nous ne savons, et, à moins qu'on ne découvre de nouveaux textes, nous ne saurons jamais pertinemment à quelle époque
a vécu l'auteur du livre original dont nous possédons la version

(1) Pag. 347 et suiv.
(2) *Horapollinis Niloi Hieroglyphica*, ed. Conradus Leemans. Amsterdam,
1835, in-8°.

grecque. Parmi plusieurs individus du nom d'Horapollon dont l'antiquité nous a transmis le souvenir, il en est un plus célèbre dont la vie et les ouvrages se rapportent assez exactement au livre des Hiéroglyphiques (1). Horapollon, Égyptien du bourg de Phenebyte dans le nome de Panopolis, était un grammairien qui avait professé à Alexandrie et à Constantinople, sous le règne de Théodose. C'était, dit Suidas auquel nous devons ces renseignements, un homme habile dans son art, et qui ne le cédait à aucun des grammairiens le plus célèbres de l'antiquité. Entre autres ouvrages, il avait composé des τεμενικὰ, c'est-à dire sans doute un traité *sur les Temples*. M. Leemans (2) se montre très disposé à reconnaître dans cet Horapollon l'auteur du livre des Hiéroglyphiques : nous ne partageons pas cette opinion. Horapollon est désigné expressément dans le titre de l'ouvrage comme *Nilopolite* (3), et non comme originaire du nome de Panopolis. Le titre des autres ouvrages du grammairien contemporain de Théodose, ses commentaires sur Sophocle, Homère et Alcée, indiquent un homme complétement livré à l'étude de la littérature grecque. Toutes les vraisemblances s'opposent à ce qu'on admette qu'à cette époque un grammairien ait à la fois écrit en égyptien et en grec : or, nous lisons dans le titre du livre des Hiéroglyphiques, que l'original en était égyptien, et nous possédons même le nom du traducteur grec, un certain Philippe, d'ailleurs complétement inconnu à l'histoire littéraire. M. Leemans (4) croit démêler dans les Hiéroglyphiques plusieurs traces des opinions que les sectes gnostiques avaient répandues dans les premiers siècles de notre ère : mais on aurait tort, je

(1) Suidas. Ὡραπόλλων Φαινεβύθεως κώμης τοῦ Πανοπολίτου νομοῦ, γραμματικός. Διδάξας ἐν Ἀλεξανδρίᾳ, τῇ ἐν Αἰγύπτῳ. Εἶτα ἐν Κωνσταντίνου πόλει ἐπὶ Θεοδοσίου · ἔγραψε Τεμενικά, ὑπόμνημα Σοφοκλέους, Ἀλκαίου, εἰς Ὅμηρον. Λαμπρὸς μὲν ἐπὶ τῇ τέχνῃ ἄνθρωπος, καὶ τῶν πάλαι λογιμωτάτων γραμματικῶν οὐδέν τι μεῖον κλέος ἀπενεγκάμενος. Add. Step. Byz., v. Φενεβύθις.

(2) *Proleg.*, p. X et XVIII.

(3) Ὡραπόλλωνος Νειλώου Ἱερωγλυφικὰ ἃ ἐξήνεγκε μὲν αὐτὸς Αἰγυπτίᾳ φωνῇ, μετέφρασε δὲ Φίλιππος εἰς τὴν Ἑλλάδα διάλεκτον. Le mot Νειλώου nous paraît désigner la ville de Nilopolis, voisine du nome Heracléotique, dans l'Egypte moyenne.

(4) *Proleg.*, p. XV, p. 161, 311, 325.

pensé, d'accorder une importance exclusive à ces remarques, lors-
que nous savons encore si peu distinguer ce qui appartient en propre aux Gnostiques et ce que ces sectaires ont dû emprunter aux
antiques doctrines de l'Orient, particulièrement à celles de l'Égypte.
Et quand bien même les observations de M. Leemans seraient aussi
fondées qu'elles paraissent ingénieuses, la part du traducteur et
celle de l'auteur original resteraient encore impossibles à distinguer.
Nous avons trop de preuves des libertés que le traducteur grec a
prises avec l'original égyptien, pour ne pas être porté à mettre sur
son compte tout ce qui porterait la trace évidente d'une composition tout-à-fait récente.

Une opinion de Fabricius (1), que M. Leemans (2) a rejetée
comme absurde, nous paraît néanmoins mériter une certaine at-
tention. Fabricius a pensé que le nom d'Horapollon était comme 3
celui d'Hermès (que nous lisons inscrit en tête du Poemander, et
d'autres dialogues dont Jean de Stobi nous a conservé des frag-
ments), celui d'une divinité égyptienne ; que par conséquent
Philippe aurait traduit un des livres qui composaient la bibliothèque
sacrée des Égyptiens, et qu'une pieuse supercherie avait attribués
aux dieux, auteurs de la civilisation des bords du Nil. Apollon chez
les Grecs est constamment donné comme l'équivalent du nom
d'Horus ; nous aurions donc ici la traduction grecque accolée au
nom de la divinité égyptienne, à laquelle la composition du livre
était donnée. Nous manquons, il est vrai, de témoignages antiques, qui associent Horus aux auteurs sacrés de l'Égypte, Hermès
et Esculape. Mais Horus est un des interlocuteurs des dialogues
hermétiques, et rien, dans les habitudes des Égyptiens, dans la
fable de ce dieu, roi sur la terre après son père Osiris, ne s'op-
pose absolument à ce qu'on lui ait attribué la composition d'un livre
sacré (3). A ces arguments j'en ajouterai un dernier, dont je dé-
montrerai bientôt la valeur ; il me semble nécessaire d'admettre

(1) *Bibl. Græc.*, vol. I, lib. I, cap. xiii, § 4.
(2) *Proleg.*, p. X.
(3) Hermès Trismégiste, selon l'opinion de Champollion, est représenté avec
une tête d'épervier, comme Horus. Voy. *Panthéon égyptien*, pl. XV.

qu'un traité peu différent de celui d'Horapollon ait fait partie de l'encyclopédie religieuse des Égyptiens (1).

Tels sont les motifs qui militent en faveur de l'opinion de Fabricius ; les objections contraires ont cependant à nos yeux une grande valeur. D'abord les meilleurs manuscrits ne séparent pas le nom d'Horus de celui d'Apollon (2) ; ils offrent la leçon Ὡραπόλλωνος, laquelle nous reporte à une série de noms hybrides, tels que ceux d'Heraclammon, Serapammon, Cronammon, Phoebammon, Nilammon, recueillis par M. Leemans (3) dans les auteurs grecs et dans les contrats originaux sur papyrus. Ces noms composés, comme celui d'Horapollon, d'éléments empruntés à la mythologie égyptienne et à celle des Grecs, témoignent de l'état des choses en Égypte pendant les premiers siècles de notre ère, quand l'ancienne population et la nouvelle se pénétrant de plus en plus, les Egyptiens de toutes les classes contractèrent l'habitude de parler et d'écrire les deux langues : fait dont l'étude des manuscrits sur papyrus fournit des preuves surabondantes. S'il en était ainsi dans la circonstance spéciale qui nous occupe, Horapollon devrait être nécessairement considéré comme ayant vécu au moins vers le commencement de l'ère chrétienne. On peut supposer en effet (et le nombre des monuments égyptiens construits ou décorés à cette époque tend à le démontrer) qu'en présence des progrès de la religion grecque dans le pays, un redoublement de ferveur avait eu lieu dans la population égyptienne. On dut alors ranimer dans les sanctuaires l'étude et la pratique des textes sacrés ; et comme l'usage s'en restreignait dès lors à un petit nombre d'individus, comme l'écriture démotique avait remplacé l'écriture sacrée dans les actes politiques et les transactions privées, on ressentit sans doute le besoin de remanier les anciens ouvrages relatifs à l'essence et à la composition du système graphique, d'en écrire même de nouveaux,

(1) Le langage de Clément d'Alexandrie (*Strom.* VI, 4) est formel à ce sujet.

(2) Il serait même nécessaire, pour qu'on adoptât l'opinion de Fabricius, qu'on lût en tête de l'ouvrage Ὥρου τοῦ καὶ Ἀπόλλωνος, et non pas seulement Ὥρου Ἀπόλλωνος.

(3) *Proleg.*, p. X et seq.

mieux appropriés aux circonstances dans lesquelles le sacerdoce égyptien se trouvait alors engagé. De là probablement l'apparition d'écrits semblables à celui d'Horapollon , et qui devaient porter l'empreinte d'idées étrangères à l'Égypte pharaonique , d'allusions même empruntées à la civilisation , à la religion , à la langue des Grecs. A chaque ligne, pour ainsi dire, de la Grammaire égyptienne de Champollion , vous trouvez établie la distinction entre les textes hiéroglyphiques de la basse époque , et les textes des temps antérieurs à la domination grecque. Nous croyons fermement que cette distinction , appliquée seulement dans la Grammaire au style et au choix des caractères sacrés , doit remonter plus haut et pénétrer jusque dans le domaine des idées.

L'examen du passage si important et si souvent discuté de Clément d'Alexandrie sur les diverses écritures usitées en Egypte (1) fournit des traits favorables à la conjecture que je viens d'émettre. « Ceux, dit cet écrivain (2), qui, parmi les Egyptiens, reçoivent de l'instruction apprennent avant tout la méthode d'écriture égyptienne, appelée épistolographique; en second lieu, l'hiératique. celle dont les hiérogrammates font usage, et enfin l'hiéroglyphique. » Ce cercle d'études est précisément l'inverse de celui que nous suivons aujourd'hui dans les études égyptiennes : la méthode d'analyse, créée par Champollion, fait passer des caractères hiéroglyphes, les plus clairs et les plus complets de tous, aux caractères hiératiques, qui n'en sont que la tachygraphie. Les caractères épistolographiques ou démotiques, dérivés à leur tour, et par une progression croissante de dégénérescence, des caractères hiératiques, ne pourront être abordés avec quelque chance de succès dans l'interprétation, que quand le système intermédiaire aura été exploité dans tous les sens.

Nous avons raison d'en agir ainsi, et les anciens n'ont pas eu tort

(1) *Strom.* V, p. 657, *Potter.*

(2) Αὐτίχα οἱ παρ' Αἰγυπτίοις παιδευόμενοι , πρῶτον μὲν πάντων τὴν Αἰγυπτίων γραμμάτων μέθοδον ἐκμανθάνουσι , τὴν ἐπιςολογραφικὴν καλουμένην, δευτέραν δὲ τὴν ἱερατικὴν, ᾗ χρῶνται οἱ ἱερογραμματεῖς , ὑςάτην δὲ καὶ τελευταίαν τὴν ἱερογλυφικήν. Je n'ai pas besoin de rappeler la synonymie, depuis long-temps établie, de l'écriture *épistolographique* de Clément d'Alexandrie, de la *démotique* d'Hérodote, et de l'*enchoriale* de l'Inscription de Rosette.

de suivre la marche indiquée par Clément d'Alexandrie. On devait
observer en Egypte une méthode analogue à celle que nous prati-
quons dans nos écoles, c'est-à-dire une méthode empirique. Les
Egyptiens avaient, pour faciliter la lecture de l'écriture démotique,
un secours qui nous manque, la connaissance pratique et instinc-
tive de la langue transcrite; l'écriture n'avait pas besoin de leur
être démontrée, mais simplement enseignée ; cette instruction empirique suffisait au grand nombre dans les relations ordinaires de
la vie.

S'agissait-il de faire un pas de plus dans la science? une comparaison, également toute d'expérience et de pratique, des caractères
démotiques et hiératiques, aplanissait les principales difficultés de
cette dernière écriture. Déjà, il est vrai, les symboles se montraient
en plus grand nombre, mais l'usage en était encore restreint. On
sait en effet qu'un grand nombre de mots, exprimés par des caractères symboliques dans l'écriture monumentale, sont reproduits
phonétiquement dans les textes hiératiques.

Que si de ces textes on passait à l'étude des hiéroglyphes proprement dits, une nouvelle série de comparaisons initiait à l'intelligence d'un certain nombre de symboles. Mais ici nécessairement
s'arrêtait la méthode empirique; une science plus approfondie du
système ne pouvait être acquise qu'au prix d'études plus raison-
nées. Il fallait pénétrer la nature des symboles, leur origine et les
motifs de leur usage; de là le besoin absolu de traités spéciaux analogues à celui que nous possédons sous le nom d'Horapollon. Nul
doute que des traités semblables n'aient dû exister aux époques où
l'écriture démotique n'était pas encore en usage; mais nous croyons
peu nous tromper en affirmant que ces traités devaient être plus
courts, plus impératifs, moins mélangés d'opinions contradictoires.
Or, si large qu'on fasse la part du traducteur grec des Hiéroglyphiques, il restera toujours assez à l'original de cet esprit nouveau
que je viens de tâcher de caractériser, pour qu'on admette la composition postérieure du livre d'Horapollon, à une époque sans doute
où déjà l'usage des noms demi-grecs et demi-égyptiens s'était pro-
pagé dans la population des bords du Nil, et où l'on devait faire,

dans les écoles sacerdotales , emploi de livres écrits selon le système démotique, dès lors le plus répandu.

Le peu que nous pouvons conjecturer sur l'époque de l'introduction du système démotique s'accorde avec les limites que nous venons de tracer. Les plus anciens contrats que l'on connaisse, transcrits conformément à ce système , appartiennent au règne de Darius , fils d'Hystaspe ; ceux que Young a publiés offrent même la trace sensible d'un mélange des caractères hiératiques et des caractères démotiques : ce qui nous induit à penser que le nouveau système avait dû subir plusieurs modifications avant d'arriver à la forme qu'il revêtit sous les Ptolémées. Les inscriptions démotiques placées sur les monuments, principalement par les voyageurs, ne remontent pas plus haut que l'époque précitée. J'ai vu entre les mains de Champollion la preuve manifeste qu'à l'époque florissante de la monarchie des Pharaons, sous la dix-huitième dynastie, l'écriture hiératique remplissait le même office que l'écriture démotique pendant la domination des Ptolémées (1). Du temps de Diodore, l'Ethiopie était encore dans un état semblable à ce qu'avait été l'ancienne Egypte. On n'y connaissait que deux sortes d'écriture, l'hiéroglyphique et l'hiératique, celle-ci appliquée à tous les usages de la vie (2). D'un autre côté, l'exemple de la stèle de Rosette, comparé aux témoignages des auteurs anciens, nous démontre que, dès le temps de Ptolémée Epiphane, la majeure partie des habitants de l'Egypte ne lisait plus que l'écriture démotique. Hérodote, qui voyageait trois siècles avant, peu d'années après Darius , parle déjà de l'écriture démotique comme d'un système usité généralement dans le pays.

En résumé, le livre d'Horapollon ne nous paraît avoir été composé que déjà long-temps après la propagation de l'écriture démotique.

(1) Ces précieux manuscrits hiératiques, parmi lesquels on distinguait des pièces appartenant à l'instruction d'un procès, et d'autres pièces de comptabilité de l'administration publique en Égypte, doivent aujourd'hui faire partie du Musée du Louvre , de même que tous les objets d'antiquité recueillis par Champollion pendant son voyage.

(2) B. H. III. 4.

Le nom de l'auteur désigne plus expressément une époque assez postérieure à l'établissement des Grecs en Égypte. Enfin, ce livre a dû être écrit en caractères démotiques, pour l'instruction de ceux qui voulaient acquérir la connaissance de l'écriture sacrée. Quant à prétendre que les allusions à la langue grecque, contenues dans le livre d'Horapollon, indiquent l'usage de l'écriture des Coptes, c'est-à-dire du système grec appliqué à la langue égyptienne, je suis loin d'adopter une telle opinion : tout nous prouve en effet que le fait de l'introduction de l'écriture copte se lie à celui de la propagation du christianisme en Égypte : nous n'avons de manuscrits coptes que des manuscrits chrétiens ou tout au plus gnostiques.

Ces observations doivent nous faciliter l'examen de la question qui se présente ensuite, sans que nous puissions en résoudre toutes les difficultés: je veux parler de la distinction déjà indiquée, de ce qui revient dans ce que nous avons au traducteur Philippe, et de ce qui appartient à l'auteur original. Par le style de l'écrivain grec, on peut juger assez exactement de l'époque à laquelle il a vécu, et même du pays qu'il habitait. Son élocution est pénible, embarrassée et souvent barbare ; on y remarque un certain nombre de locutions homériques mal à propos transportées dans la prose, et des expressions purement latines : deux traits qui conviennent parfaitement à la population de la haute Égypte sous les Romains, les rapports avec les autorités de la province ayant dû faire adopter beaucoup de locutions latines à des gens qui n'avaient du grec qu'une pratique imparfaite et corrompue, et la faveur dont jouit Homère dans cette population à demi hellénisée étant établie, comme l'a parfaitement vu M. Leemans (1), sur des témoignages sans réplique. Nous savons d'ailleurs à quelle époque le besoin se fit sentir parmi les Grecs de connaître les productions originales de la littérature égyptienne : ce besoin se lie étroitement avec les emprunts que les néo-platoniciens d'Alexandrie firent aux doctrines de l'Orient. Proclus, qui avait dédaigné sans doute d'apprendre

(1) *Prolegom.*, p. XI.

la langue égyptienne (dédain d'ailleurs parfaitement en rapport avec l'esprit constant de l'hellénisme) s'était fait donner par un Égyptien, Heraïscus (1), une exposition des doctrines religieuses propres à ce peuple. Philippe devait être, comme l'Égyptien employé par Proclus, un originaire du haut Nil, travaillant, pour le compte des Alexandrins, sur les productions de la littérature nationale. Les inductions historiques s'accordent donc parfaitement avec les signes philologiques pour faire de Philippe un mauvais écrivain du v⁰ ou vi⁰ siècle. Wolff et Wittembach ont eu raison, quant à la partie du problème dont ils étaient juges compétents.

Philippe n'était pas sans doute plus fidèle et plus honnête traducteur qu'habile écrivain : son livre, selon nous, porte des marques d'interpolations, et peut-être de mutilations.

Les étymologies grecques des noms égyptiens, celle, par exemple, d'Horus par ὧραι (2), peuvent jusqu'à un certain point, et comme on l'a vu plus haut, émaner de l'auteur original : elles reviennent plus naturellement encore au traducteur.

J'en dis autant de ce que M. Leemans a cru découvrir de gnostique dans le livre : cette part, si elle existe, ne nous semble pas pouvoir être contestée à Philippe.

Mais que dire d'une foule d'énigmes qui n'ont évidemment rien de commun avec les hiéroglyphes égyptiens ?

Dans le livre premier, celui qui n'est jamais sorti de son pays, exprimé par un *homme à tête d'âne* (3); celui qui revient dans son pays après une longue absence, rendu par le *phénix* (4).

Le phénix est incontestablement d'origine égyptienne : Champollion a cru le reconnaître sur les monuments (5) : on n'a pas, que je sache, retrouvé la *tête d'âne* parmi les hiéroglyphes : mais des Égyptiens voyageurs ! des hommes ridiculisés dans cette contrée

(1) Damascius, *Quæst. de prim. princ.*, cap. 125, p. 386, ed. Kopp.

(2) I, 17. . . . . . . ὅθεν καὶ ὑπὸ τὸν θρόνον τοῦ Ὥρου, λέοντας ὑποτιθέασι, δεικνύν- τες τὸ πρὸς τὸν θεὸν τοῦ ζώου σύμβολον · ἥλιος δὲ ὁ Ὥρος ἀπὸ τοῦ τῶν ὡρῶν κρατεῖν.

(3) I, 23.

(4) I, 35.

(5) *Gr. Ég.*, p. 26.

pour ne l'avoir jamais quittée ! évidemment ce sont là des idées aussi contraires que possible à l'esprit de l'antique Égypte.

Ailleurs, dans le livre II, nous avons une foule d'emblèmes empruntés aux productions de la mer : CIV, la torpille; CV, le polype ; CVI, le crabe; CVII, les huîtres; CVIII, la pinne marine : CIX, le scare; CXI, la murène; CXIV, la sèche : or, nous connaissons l'horreur des Egyptiens pour la mer, et nous ne trouvons pas, parmi les hiéroglyphes, la trace d'une seule production marine.

Ailleurs encore, nous rencontrons des circonstances, ou tout-à-fait puériles, ou trop rares pour que le besoin d'un symbole spécial se fasse sentir, ou enfin tout-à-fait inutiles à exprimer :

Un homme qui laisse son héritage à de mauvais enfants (1);

Un homme qui mange d'abord le bien d'autrui, et finit par manger le sien (2);

Un homme qui se fait vomir pour mieux manger ensuite, etc. (3).

Plus ces interpolations sont grossières, et plus il me semble facile de les faire disparaître du texte original. Quand on se livre à ce travail d'épuration, on remarque bientôt un contraste frappant entre le premier et le second livre. Les soixante-dix hiéroglyphes dont se compose le livre Ier sont en général d'un caractère authentique; on ne signalerait pas dans cette partie de l'ouvrage plus de dix articles étrangers à la composition originale, et ces éléments suspects se présentant ou isolés, ou deux à deux, n'interrompent que fort peu la série des explications vraiment précieuses.

On peut porter le même jugement du livre II jusqu'au 37e hiéroglyphe inclusivement; mais à partir de ce point jusqu'au n° 115, l'ouvrage ne semble plus offrir la moindre analogie avec le système graphique des Égyptiens; les quatre derniers chapitres, qui sont

(1) II, 99.
(2) II, 113.
(3) II, 100.

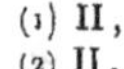

de meilleur aloi, paraissent avoir été ajoutés à dessein de faire croire
à l'authenticité des explications qui précèdent.

Ce sacrifice d'une notable portion de l'ouvrage contribue à
résoudre une partie du problème ; mais même après cette opération
nécessaire, il reste encore de grandes difficultés.

On cherche à se faire une idée exacte de la composition du livre ;
on se demande si l'intention de l'auteur a été de comprendre tous
les symboles employés dans l'écriture sacrée. — Le livre que nous
possédons ne renferme malheureusement qu'une faible partie des
symboles égyptiens.

L'auteur a-t-il voulu se restreindre à l'interprétation des hiéroglyphes les plus obscurs? — Nous trouvons des explications presque
inutiles à force de simplicité : le lion exprimant la force, l'eau et le
feu, symboles de pureté.

Une méthode quelconque a-t-elle été observée dans le classement
des signes interprétés? A-t-on voulu d'abord expliquer les hiéroglyphes de l'usage le plus général, et passer ensuite à ceux dont la
mention ne se retrouve que moins fréquemment? — On remarque,
il est vrai, au début du premier livre, quelques symboles d'une
importance capitale, tels que le scarabée, l'épervier, etc. Mais
nous trouvons dans le commencement du second livre les diverses
significations de l'hiéroglyphe *étoile* (1), et à l'avant-dernier cha-
pitre l'explication de la *plume d'autruche*, symbole dont l'emploi
n'est guère moins usuel que celui des signes précédents.

Le ton, l'étendue des interprétations, n'offrent pas moins de
diversité : dans la première partie de l'ouvrage nous rencontrons
des commentaires assez développés, souvent contradictoires. La
saine portion du livre II présente une sèche énonciation du sens
attribué au symbole. Cette dernière forme au reste est précieuse
à observer; car c'est ainsi que nous nous représentons un traité
des symboles hiéroglyphiques, s'il en a existé avant l'époque pré-
sumée d'Horapollon.

Quant aux commentaires plus étendus, alors même que les

(1) Déjà mentionnée dans le Livre I, 13.

explications sont bonnes, il n'est pas certain qu'elles appartiennent à l'original égyptien. Malgré le dédain des Grecs pour les études étrangères, plusieurs écrivains de la littérature classique s'étaient occupés des hiéroglyphes. Suidas cite deux fois (1) le livre de Chaerémon. Un grand philosophe, Démocrite, avait séjourné long-temps en Égypte, et le fruit de ses observations avait été consigné dans des livres, à jamais regrettables, qui semblent avoir compris l'interprétation de la langue sacrée des Égyptiens et l'explication de celle dont on faisait usage sur les bords de l'Euphrate (2). L'auteur du traité d'Isis et d'Osiris paraît avoir puisé à ces sources, qui se font distinguer par une saine connaissance des faits, combinée avec une plus grande liberté d'esprit, qu'on ne peut en aucun cas l'attendre des Égyptiens. Philippe a pu joindre à sa version quelques précieux passages extraits des livres de Chaerémon et de Démocrite.

Somme toute, s'il est permis de se faire une idée de l'ensemble du livre d'Horapollon, d'après la version de Philippe, si l'infidèle traducteur n'a pas mutilé l'original en même temps qu'il le défigurait par les additions les plus hétéroclites, les Hiéroglyphiques n'ont pu être, même en égyptien, un recueil complet des symboles employés dans la langue sacrée : nulle méthode fixe n'a présidé au choix de ces symboles. Nous voyons ici un nouvel exemple de ce défaut de régularité dans la composition, qui nous frappe quand nous comparons les productions de la science chez les anciens aux travaux des modernes, et qui devient plus sensible encore quand on passe de la littérature grecque à celle de tous les peuples de l'Orient.

En déterminant plus haut, d'après Clément d'Alexandrie, l'époque des études égyptiennes à laquelle devait se placer l'usage d'un livre semblable à celui d'Horapollon, j'ai fait voir d'avance en quoi un tel livre devait consister. Nous savons aujourd'hui que deux

(1) Vv. Ἱερογλυφικὰ et Χαιρήμων.

(2) *Diog. Laert.* IX, 7, 47. Ὑπόμνημα περὶ τῶν ἐν Βαβυλῶνι γραμμάτων. — Περὶ τῶν ἐν Μερόῃ ἱερῶν γραμμάτων. Les monuments de Méroë offrent des hiéroglyphes tout-à-fait semblables à ceux des Égyptiens.

éléments parfaitement distincts , selon les idées que nous a données un usage exclusif et long-temps prolongé de l'écriture alphabéti-que , concouraient à la formation du système graphique des Égyp-tiens : tel caractère avait la valeur phonétique, tel autre la valeur symbolique ou figurative. Évidemment, le livre d'Horapollon ne pouvait fournir aucune lumière à la partie phonétique de l'écri-ture, déjà éclaircie par l'usage des deux systèmes dans lesquels prédominait l'élément alphabétique, le système hiératique et le système enchorial : le livre d'Horapollon ne pouvait traiter et ne traite en effet que des symboles.

Mais veut-on que les symboles interprétés par Horapollon aient été employés isolément, et aient fourni, chacun à lui seul, un sens distinct et compréhensible? Ce serait là une erreur manifeste , et qu'il importe avant tout de détruire.

Un exemple va éclaircir ma pensée : Horapollon dit que l'hiéro-glyphe épervier signifiait à la fois Dieu, soleil, hauteur, abaissement, orgueil, sang, victoire, Mars, Vénus, l'âme d'un homme, etc. (1).... Fallait-il, qu'à la première vue, celui qui lisait les textes hiérogly-phiques comprît lequel de ces sens confus et contradictoires de-vait s'appliquer à la figure d'épervier qu'il avait sous les yeux? Une telle conclusion est évidemment absurde et impossible.

Recourons nous-même, pour résoudre cette difficulté, aux textes hiéroglyphiques. Nous trouvons, en effet, l'épervier souvent appliqué à l'expression des idées les plus diverses : mais il est rare qu'alors on ne le rencontre pas combiné avec des attributs qui ré-pondent à cette diversité.

Ainsi l'épervier dont la tête est surmontée d'un disque de cou-leur rouge exprime l'idée : *soleil* (2).

L'épervier accompagné d'un *fouet* ou *fléau*, répond à *Horus* (3), divinité qui se présente sous des formes tellement diverses, qu'on

(1) I, 6. Θεὸν βουλόμενοι σημῆναι, ἢ ὕψος, ἢ ταπείνωσιν, ἢ ὑπεροχὴν, ἢ αἷμα, ἢ νίκην, ἢ Ἀρέα, ἢ Ἀφροδίτην, ἱέρακα ζωγραφοῦσι. Cf. le chap. IX du même livre.
(2) *Gr. Eg.*, p. 118.
(3) *Ibid.*

est tenté de considérer son nom comme générique et synonyme de celui de Dieu.

L'épervier à tête et bras humains figure l'âme humaine.

L'épervier placé au milieu d'un plan carré d'édifice, figure le nom de la déesse Hathôr, la Vénus égyptienne (1).

Opposons à cet exemple d'un même hiéroglyphe, impliquant les sens les plus divers, celui d'un symbole dont l'emploi, chez Horapollon, paraît circonscrit dans d'étroites limites : « Un homme, dit l'auteur égyptien, qui rend justice égale à tout le monde est désigné par une plume d'autruche : c'est le seul oiseau en effet qui ait toutes les plumes des ailes d'une longueur égale (2). » Ne croirait-on pas, en lisant cette explication, qu'il s'agit de l'application restreinte de l'hiéroglyphe : *plume d'autruche*, à la représentation d'un homme rendant une justice égale à tout le monde?

L'étude des textes hiéroglyphiques nous prouve que l'emploi de ce signe était beaucoup plus étendu.

La plume d'autruche était le symbole constant de la déesse *Tme*, la justice et la vérité (3).

Elle entrait comme élément phonétique, avec la valeur de M, dans la transcription du nom de cette déesse (4).

Elle servait également à symboliser le dieu *Moui*, ou la Raison personnifiée, et à transcrire phonétiquement le nom de ce dieu (5).

Les hiérogrammates l'employaient de préférence comme initiale du mot *Moue*, dont le sens est *briller*, sans doute à cause de l'analogie des idées d'*éclat* et de *vérité* (6).

(1) *Gr. Eg.*, p. 122.

(2) II, 118. Ἄνθρωπον ἴσως πᾶσι τὸ δίκαιον ἀπονέμοντα βουλόμενοι σημῆναι, στρουθοκαμήλου πτερὸν γράφουσι · τοῦτο γὰρ τὸ ζῶον πανταχόθεν ἴσα ἔχει τὰ πτερυγώματα παρὰ τῶν ἄλλων.

(3) *Gr. Eg.*, p. 124.

(4) V. la légende hiératique, *Panth. Eg.*, pl. 7.; la figure de la déesse *Tme* est publiée dans le Panthéon sous le nom de *Sate* : la correction de cette leçon vicieuse se trouve *Gr. Eg.* 124 et *passim*.

(5) *Panth. Eg.*, pl. XXV, où l'on voit le dieu Mouï sous le faux nom de *Djom*, emprunté à Jablonski (*Panth. Æg.*, II, 3). La lecture correcte de ce nom se trouve *Gr. Egypt.*, p. 112.

(6) *Gr. Eg.*, p. 377.

Enfin, nous voyons la *plume d'autruche* jouer dans les textes un rôle équivalent à celui de la *coudée*, autre symbole de justice et de vérité (1).

La leçon à tirer du texte d'Horapollon est donc infiniment plus étendue et importante qu'elle ne semble à la première lecture.

Ainsi, bien que l'explication de l'auteur des Hiéroglyphiques paraisse souvent restreinte, elle n'en est pas moins destinée à donner du sens des symboles l'idée la plus étendue et la plus complète ; et en revanche, quand les sens donnés par l'interprète présentent l'accumulation des images les plus contradictoires, on comprend, en étudiant les textes, l'utilité d'un tableau dans lequel se trouvent réunies les applications les plus diverses d'un seul et même symbole.

Ces notions sont donc identiques au génie de l'écriture égyptienne. Les travaux de Champollion nous ont montré l'étendue du rôle que joue dans ce système un seul et même symbole ; ces travaux nous ont révélé même l'existence d'une classe de caractères, qu'on a désignés par le nom de *déterminatifs*, et dont l'usage est d'indiquer le rapport de différents mots à un seul et même ordre d'idées.

Ainsi, la classe des quadrupèdes est *déterminée* par la partie inférieure d'une peau de bœuf (2), celle des volatiles par la figure d'une oie (3), celle des végétaux par un groupe de fleurs de lotus, etc. (4)...

Toutes les idées, soit au propre, soit au figuré, qui supposent l'emploi de l'eau, ou qui éveillent une comparaison avec cet élément : *couler, arroser, laver, verser, boire, nager, etc... avoir froid, être froid, être pur, purifier, etc...*, sont déterminées par les trois lignes ondulées, symbole de l'eau (5).

Il est inutile de rappeler ici les nombreux exemples de cette classe

(1) *Gr. Eg.*, p. 124 et *passim*.
(2) *Ibid.*, p. 83.
(3) *Ibid.*, p. 85.
(4) *Ibid.*, p. 88.
(5) *Ibid.*, p. 376.

des déterminatifs, cités par Champollion dans sa Grammaire égyptienne.

Malheureusement la plupart des signes qui jouent ce rôle de symboles génériques manquent au livre d'Horapollon ; le petit nombre
que j'en pourrais tirer serait même sujet à controverse. Mais les
exemples que j'ai indiqués précédemment, de signes qui, sans être
précisément des déterminatifs, sont consacrés à l'expression collec-
tive d'un certain nombre d'idées plus ou moins analogues, suffisent
à faire voir dans quel sens il faut entendre les explications données
par Horapollon, même quand l'expression de cet auteur paraît la
moins générale. N'oublions pas qu'à mesure que nous remontons
le cours des siècles, nous trouvons chez l'homme une difficulté plus
grande à généraliser l'expression de sa pensée.

Le but du livre d'Horapollon est donc de donner le sens général
et les principales applications des symboles : il n'enseigne pas un
procédé d'écriture, mais il trace des règles de style aux hiérogrammates et fournit à ceux qui lisent les inscriptions des observations
générales destinées à en faire pénétrer le sens.

Mais là ne se borne pas la destination et l'utilité du livre d'Horapollon : les symboles que cet auteur explique ne se rapportent
pas seulement à l'écriture proprement dite : ils comprennent toutes
les manières dont les Égyptiens exprimaient leur pensée religieuse,
c'est-à-dire toutes les formes de l'art chez le peuple.

Je n'ai pas besoin de rappeler quelle étendue avait chez les Égyptiens l'application du symbolisme religieux :

Dans l'architecture, le sens attaché à la décoration des colonnes,
aux chapiteaux mêmes, témoins ceux qui offrent la tête de la déesse
Hathor, surmontée d'un *naos*, à la forme des pyramides, à celle des
obélisques, etc. ;

Le caractère constant de la décoration de certaines parties des
édifices, les disques ailés qui surmontent les portes, les vautours
éployés au-dessus des couloirs d'entrée, les chaînes de triangles en-
gagés par la pointe, les uns dans les autres, symbole de l'idée : *lumière*, sculptées sur l'appui des fenêtres ;

Les compositions monstrueuses, les combinaisons des formes hu-

3

maines et animales, consacrées, dans les bas-reliefs et les peintures ,
à l'expression des qualités divines; les signes hiéroglyphiques isolés,
inscrits sur les scarabés et les amulettes, et formant eux-mêmes des
amulettes, ou des parties de la parure des Égyptiens de toutes les
classes ;

Les lettres, γράμματα, portées sur les enseignes, dans les proces-
sions sacrées ;

Le rôle que jouent le vautour, l'uræus, la peau de panthère, dans
le costume des rois, des reines et des prêtres ;

L'application raisonnée des symboles sacrés aux meubles et aux
instruments de l'usage le plus commun, etc.

Je ne crois donc pas que, pour entendre Horapollon, on doive se
borner aux inscriptions ; on devra au contraire chercher dans
toutes les productions de l'art égyptien, la trace des pensées et des
rapprochements qu'il révèle.

Voici quelques exemples de signes interprétés par Horapollon,
et dont l'application se retrouve en dehors des textes hiéroglyphiques. « Le lion, dit Horapollon, désigne l'inondation du Nil; et en
effet, c'est quand le soleil entre dans le signe du lion qu'a lieu la
plus grande crue du fleuve. C'est pour cela que les anciens ar-
chitectes des édifices sacrés ont fait en forme de lion les caniveaux
et les conduits des fontaines (1). » L'incertitude que présente cette
dernière expression se dissipe à la vue du grand temple de Tentyris:
là on voit encore des têtes de lion occuper la place correspon-
dante à celle des gargouilles de nos monuments gothiques (2).

« Deux pieds joints et marchant (l'auteur veut dire les deux pieds
joints d'une figure debout) indiquent la course du soleil au solstice
d'hiver (3). » Et en effet nous trouvons dans les plafonds astrono-

____

(1) I, 21. Νείλου δὲ ἀνάβασιν σημαίνοντες, ὃν καλοῦσιν Αἰγύπτιστι Νοῦν, ... λέοντα
γράφουσι . . . . ἐπειδὴ ὁ ἥλιος εἰς λέοντα γενόμενος πλείονα τὴν ἀνάβασιν τοῦ Νείλου ποιεῖται:
. . . . ὅθεν καὶ τὰς χολίδρας, καὶ τοὺς εἰσαγωγεῖς τῶν ἱερῶν κρηνῶν, λεοντομόρφους κατε-
σκεύασαν οἱ ἀρχαῖοι τῶν ἱερατικῶν ἔργων ἐπίςαται.

(2) *Descr. de l'Eg. ant.* Tom. IV, pl. 16.

(3) II, 3. Δύο πόδες συνηγμένοι καὶ βεβηκότες, δρόμον ἡλίου, τὸν ἐν ταῖς χειμεριναῖς τρο—
παῖς σημαίνουσι.

miques d'Edfou et du Rhamesséum (1) les figures des dieux *Phthah*
et *Chons*, debout, et les pieds joints, aux places qui correspondent
aux deux solstices.

« Quand on veut indiquer le lever de la lune, on figure un cynocéphale debout et les mains étendues vers le ciel ; c'est en effet
l'habitude de cet animal, au lever de cet astre : on dirait qu'il
adore ainsi la déesse (2). »

Je ne sache pas qu'on ait encore rencontré dans les textes cet
emploi symbolique de la figure du cynocéphale : mais il n'est
personne qui n'ait pu remarquer dans les sujets astronomiques
tracés par les Égyptiens, des cynocéphales debout de chaque côté
de la barque de la lune, et adorant le disque de cet astre, de la
manière indiquée par le texte d'Horapollon (3).

« Une tête de lion désigne un vigilant gardien. Le lion en effet
a les yeux fermés dans la veille, ouverts pendant le sommeil, ce
qui est un signe de vigilance. C'est pourquoi, dans un intention
symbolique, on a placé des lions aux portes des temples (4). »
Et en effet il n'est pas rare de rencontrer à l'entrée des édifices
sacrés des figures léontocéphales de la déesse Tafné (5). Le temple
de la déesse Mouth, à Thèbes, était entouré d'un triple rempart de
ces gardiens (6).

« Le cynocéphale est le symbole des lettres : il y a en effet une

(1) Biot, *Recherches sur les représentations zodiacales*, etc., planches.

(2) I, 15. Σελήνης δὲ ἀνατολὴν γράφειν βουλόμενοι, . . . κυνοκέφαλον ζωγραφοῦσι σχή-
ματι τοιῷδε· ἑςῶτα καὶ τὰς χεῖρας εἰς οὐρανὸν ἐπαίροντα, . . . τοῦτο γράφουσι τὸ σχῆμα
ἐπὶ τῆς ἀνατολῆς, ὁ κυνοκέφαλος ποιεῖται, ὡς εἰπεῖν, προσευχόμενος τῆ Θεῷ. . .

(3) *Panth. Eg.*, pl. XIV *b* et XIV *c*. Sur ces deux planches le disque de la
lune a été à tort peint en *rouge* : c'est le *jaune-clair* qui était la couleur con-
sacrée.

(4) I, 19. Ἐγρηγορότα δὲ γράφοντες, ἢ καὶ φύλακα, λέοντος γράφουσι κεφαλήν, ἐπειδὴ ὁ
λέων ἐν τῷ ἐγρηγορίναι μέμυκε τοὺς ὀφθαλμοὺς, κοιμώμενος δὲ ἀνεῳγότας τούτους ἔχει, ὅπερ ἐστὶ
τοῦ φυλάσσειν σημεῖον· διόπερ καὶ συμβολικῶς τοῖς κλείθροις τῶν ἱερῶν λέοντας ὡς φύλακας
παρειλήφασιν.

(5) *Gr. Eg.*, p. 123.

(6) *Descr. de l'Eg. antiq.*, Tom. III, p. 48. *Musée des ant. égypt.*, pl. XIX,
n° 5.

espèce de cynocéphale qui connaît l'écriture égyptienne : c'est pour cela que quand on amène un cynocéphale dans un temple, le prêtre lui présente des tablettes, un roseau pour écrire et de l'encre, afin de savoir si l'animal est de l'espèce de ceux qui savent lire et écrire : cet animal d'ailleurs a été consacré à Hermès, l'inventeur de l'écriture (1). » Voilà une bizarre et curieuse interprétation des bas-reliefs qui nous montrent un cynocéphale accroupi, tenant la palette des hiérogrammates Égyptiens (2).

« Un homme débauché et perdu de mœurs est désigné par un cochon, à cause de la nature bien connue de cet animal (3). » Nous avons sur les manuscrits du rituel funéraire, et parmi les bas-reliefs qui décorent les sarcophages, la scène du jugement après la mort, dans laquelle on voit constamment l'âme coupable s'éloignant pour subir sa sentence après être entrée dans le corps d'un cochon.

Le moyen d'investigation que je viens d'indiquer est destiné à étendre le cercle des applications qu'on a pu faire jusqu'à ce jour du texte d'Horapollon à l'interprétation des monuments. Le nombre des caractères interprétés par cet auteur que Champollion a relevés dans les textes hiéroglyphiques est aujourd'hui, comme la Grammaire égyptienne le témoigne, beaucoup plus considérable que l'illustre auteur de cet ouvrage ne l'espérait à l'époque de la publication du précis.

Il a fallu, du reste, à Champollion, une rare intelligence du principe graphique propre aux Egyptiens, pour lui faire reconnaître l'identité de certains caractères qu'on retrouve dans les textes, et qu'Horapollon a décrits : « *La fumée montant vers le ciel désigne le feu* (4). » C'est ici, comme dans beaucoup d'autres cas, une vé-

---

(1) I, 14. Γράμματα δὲ, ἐπειδὴ ἐστὶ συγγένεια κυνοκεφάλων Αἰγυπτίοις, ἐπιςάμενοι γράμματα, παρ' ὃ εἰς ἱερὸν ἐπειδὰν πρῶτα κομισθῇ κυνοκίφαλος, δέλτον αὐτῷ παράτιθησιν ὁ ἱερεὺς, και σχοινίον καὶ μέλαν, πειράζων εἰ ἐκ τῆς ἐπισταμένης ἐςὶ συγγενείας γράμματα, καὶ εἰ γράφει, κ. τ. λ.

(2) *Panth. Eg.*, Pl. XXX F.

(3) II, 37. Ὅταν βούλονται ἄνθρωπον ἐξώλη σημῆναι, χοῖρον ζωγραφοῦσι, διὰ τὸ τὴν φύσιν τοῦ χοίρου τοιαύτην εἶναι.

(4) II. 16. Καπνὸς εἰς οὐρανὸν ἀναβαίνων πῦρ δηλοῖ.

ritable métonymie de figures. Mais comment oser appliquer à ce texte l'hiéroglyphe ci-joint : ⌡ expliqué par Champollion comme *une colonne de fumée sortant d'un réchaud* (1), à moins de s'être pénétré, par une longue expérience, du besoin qu'éprouvaient les Egyptiens de réduire à un contour géométrique les figures naturellement les plus vagues et les plus difficiles à préciser?

Souvent, comme on l'a vu précédemment, l'expression de l'auteur égyptien est tout-à-fait générique : le signe correspondant dans les textes ne montre qu'une partie du symbole décrit. « Pour indiquer l'année, on figure un palmier, parce que cet arbre produit une pousse à chaque lever de la lune, et que par conséquent douze pousses de palmier forment une année (2). » Qui ne s'attendrait, conformément à cette explication, à voir se déployer dans l'écriture le panache d'un dattier ? mais la forme hiéroglyphique se borne à la désignation de cette pousse mensuelle du palmier (*Sic.* ⌡).

L'obscurité et l'affectation de l'auteur grec ont pu empêcher Champollion lui-même de puiser dans Horapollon des explications précieuses. Le symbole de *bonté*, de *bienfaisance*, est exprimé dans les textes hiéroglyphiques, par un instrument à cordes auquel Champollion a donné le nom de *théorbe*. D'où peut provenir le choix de ce symbole?

« La suite et l'unité, dit Horapollon, dans les actions d'un homme, s'exprime par une lyre : cet instrument, en effet, garde l'accord de ses propres sons (3). » Les Egyptiens, en appliquant ce symbole à l'idée de bonté, me paraissent avoir obéi à une pensée pleine de finesse et de profondeur : la suite et l'accord de la pensée dans les actions humaines est en effet la garantie la plus solide de la véritable bonté; mais le sens des expressions grecques συνοχέα καὶ ἑνωτικὸν est obscur et inusité.

(1) *Gr. Eg.*, p. 24.
(2) I. 3
(3) II. 116. Ἄνθρωπον συνοχέα καὶ ἑνωτικὸν βουλόμενοι σημῆναι λύραν ζωγραφοῦσιν· αὕτη γὰρ συνέχειαν φυλάττει τῶν ἰδίων κρουμάτων.

« Un doigt désigne l'*estomac* de l'homme (1). » Voici ce qu'on lit dans les versions latine et française d'Horapollon ; mais il s'en faut que l'auteur grec ait eu une si burlesque et inexplicable pensée : seulement il a fait usage d'une expression latine que ses interprètes n'ont pas comprise ; ςόμαχον, chez le traducteur Philippe, veut dire comme en latin, *la colère*. « Le doigt, dit-il, indique *la colère* de l'homme. » C'est le *doigt de Dieu* dans l'Écriture. Je pense que l'emploi de ce signe se trouve fréquemment dans les textes hiéroglyphiques : mais l'espace me manque pour donner à mon opinion le développement nécessaire.

Quelquefois il règne entre le texte d'Horapollon et les habitudes du langage hiéroglyphique un assez grand désaccord sur des circonstances importantes, pour que le secours tiré de l'auteur grec, quoique précieux, ne doive pourtant être considéré que comme incomplet : en voici un exemple que je ne trouve pas dans les écrits publiés de Champollion. « Les Egyptiens regardent leur roi comme le maître du monde. Voulant exprimer cette idée, ils peignent un serpent ; et dans le milieu de ce serpent, ils indiquent une grande maison : car, dans leurs idées, la demeure du roi c'est le monde lui-même (2). » On rencontre fréquemment dans les édifices égyptiens de l'époque romaine, un cartouche au milieu duquel se distinguent deux caractères seulement ; le premier, *le plan d'une maison*, le second, le symbole ordinaire de l'idée de *grandeur*. Ce cartouche est placé auprès de la figure du souverain, laquelle, selon l'usage égyptien, intervient constamment dans les scènes religieuses. C'est donc là, comme Horapollon le dit expressément, une désignation générique du souverain de l'Egypte. J'ai déjà, dans une

(1) II. 6. Ἀνθρώπου στόμαχον δηλοῖ δάκτυλος.

(2) I. 61. Πάλιν δὲ τὸν βασιλέα κοσμοκράτορα νομίζοντες καὶ μηνύοντες, αὐτὸν μὲν ὄφιν ζωγραφοῦσιν, ἐν μέσω δὲ αὐτοῦ, οἶκον μέγαν δεικνύουσιν εὐλόγως · ὁ γὰρ βασίλειος οἶκος παρ' αὐτοῦ ἐν τῷ κόσμῳ. Le dernier éditeur, M. Leemans, s'est bien douté qu'il n'y avait pas de lacune dans la dernière phrase, entre αὐτοῦ et ἐν, mais il n'a pas osé l'effacer de son texte. Παρ' αὐτοῦ est une mauvaise expression dont le sens est : *en ce qui le concerne, quant à lui.*

(23)

autre occasion (1), émis l'opinion que les hiérogrammates employaient ce cartouche dans les fréquentes révolutions de l'empire
romain, quand les provinces éloignées, comme l'Egypte, ignoraient
l'issue des luttes qui avaient la domination du monde pour objet;
c'était du moins un moyen de se conformer au protocole officiel
des temples, sans encourir la colère du maître inconnu que le
monde avait pu se donner à l'insu de l'Egypte. Quant à l'idée
qu'expriment ces deux caractères, et au rapport de cette idée
avec la personne du souverain, Horapollon nous est d'un précieux secours, si ce n'est qu'il manque ici un trait essentiel de
la description : le serpent au centre duquel les caractères *grande*
demeure devraient être tracés. Le contour ordinaire des cartouches
royaux était-il originairement délimité par le corps d'un serpent?
Nous n'avons sur les monuments aucun exemple analogue : le cartouche, au contraire, paraît être formé par une tige de roseau,
d'osier, ou de toute autre plante souple et propre à faire des liens :
le nœud de cette tige d'osier forme la base du cartouche. Mais cette
différence, quelque importante qu'elle soit, entre le caractère hiéroglyphique et la description d'Horapollon, suffit-elle pour nous
faire méconnaître l'exactitude, d'ailleurs frappante, du rapproche-
ment? Nous croyons qu'en agissant ainsi on priverait l'interprétation des textes hiéroglyphiques d'un secours précieux.

Le livre des Hiéroglyphiques ne fournit pas seulement des moyens
isolés d'expliquer le sens de certains symboles. Malgré le défaut de
méthode qui se fait sentir dans l'ouvrage, malgré ce qu'il offre
d'incomplet quand on compare le peu de détails qu'il donne, au
domaine presque sans limites des hiéroglyphes égyptiens, on y
puise des notions étendues et certaines sur l'essence même du symbolisme en usage dans cette contrée.

Les bases du symbolisme égyptien, ainsi considérées, sont faciles
à fixer et rentrent dans les divisions tracées par Clément d'Alexandrie.

On distingue en effet:

(1) *Musée des Antiq. Eg.*, pl. XXIII, n° 2.

(24)

1° Des symboles qui reposent sur une observation exacte et, pour ainsi dire, journalière de la nature. Ainsi, le *lion*, pour exprimer la *colère* ou la *force* ; le *crocodile*, hiéroglyphe de la *rapacité* et de la *fureur*; l'*abeille*, emblème de la *royauté*, etc.

2° D'autres doivent être considérés comme de pures et simples métonymies, c'est-à-dire qu'on procède par la substitution d'images analogues, mais sensibles, à l'expression des objets dont il est impossible de tracer une figure distincte. Ainsi, le *croissant* de la *lune*, pour le *mois*; une *oreille* pour l'idée : *entendre*; un *bras armé*, pour la *guerre*, etc.

3° D'autres symboles sont le fruit d'une croyance merveilleuse, produit elle-même d'observations imparfaites et erronées. Les Egyptiens, par exemple, croyaient que le scarabée se reproduisait de lui-même et sans le secours des femelles; qu'il n'y avait pas de mâles parmi les vautours. De là, le *scarabée*, symbole de l'*unité cosmique* et de la *virilité*; le *vautour*, emblème de la *maternité*.

Quelquefois (par une supposition que nous avons quelque peine à expliquer) on prêtait aux animaux des vertus ou des vices dont ils devenaient l'emblème. Ainsi, le *cucupha* (probablement la huppe) était considéré comme un modèle de reconnaissance; l'*oie*, de *tendresse paternelle*; l'*oryx*, d'*impureté* ; le *pélican*, de *sottise* et de *crainte*. Toutes ces valeurs symboliques, données par Horapollon, se retrouvent dans les textes sacrés.

Quelquefois encore on avait égard à des circonstances de conformation qui avaient frappé les esprits superstitieux. Ainsi, l'ibis était consacré à Hermès, dieu de la Raison, parce qu'on trouvait une ressemblance entre sa conformation et celle du cœur (1), organe dans lequel les Egyptiens plaçaient le siége de la raison.

C'est aux observations que je viens d'indiquer, surtout quand elles paraissaient avoir un caractère mystérieux ou surnaturel, qu'on doit en grande partie attribuer la vénération des Egyptiens pour les animaux et le culte qu'ils leur rendaient. On retrouve, en effet, dans l'Olympe égyptien, les animaux de l'Egypte, avec le caractère

(1) II. 36

particulier qu'Horapollon leur attribue. On y adorait la fécondité de la nature sous la figure du vautour, la grandeur du monde sous celle du scarabée, le principe humide sous les traits de l'hippopotame, la sagesse divine sous ceux de l'ibis ou du cynocéphale.

4° Enfin les *énigmes*, comme dit Clément d'Alexandrie, c'est-à-dire les symboles consacrés sans qu'on eût conservé le souvenir des motifs qui en avaient prescrit le choix, ou sans qu'on pût alléguer à leur appui d'autres causes que des raisons vagues, étranges ou contradictoires, ne paraissent pas avoir manqué aux Égyptiens, chez lesquels la tradition, quelque fidélité qu'on eût montrée à la transmettre, devait néanmoins s'affaiblir à force d'antiquité. Cette classe s'accroît pour nous de tout ce que nous avons perdu, des moyens d'investigation qu'une longue expérience avait garantis aux Égyptiens.

Comment expliquer en effet aujourd'hui pourquoi l'*os de la caille* signifiait *solidité*, *stabilité* (1), pourquoi une *oie plumée* exprime l'idée de *fondation* (2)? Cette dernière notion n'est fournie que par les monuments, et c'est surtout parmi les symboles qu'Horapollon n'a pas rapportés qu'on rencontre les obstacles les plus sensibles à l'intelligence pleine et entière du système égyptien.

Mais aussi, en s'instruisant à l'école d'Horapollon, on apprend à connaître la voie qu'il faut suivre pour arriver à comprendre les symboles dont l'interprétation n'est fournie ni par le traité des Hiéroglyphiques, ni par celui d'Isis et Osiris, source moins pure que le livre d'Horapollon, mais encore riche en renseignements inappréciables.

Recueillir avec soin dans les ouvrages des naturalistes, surtout les plus crédules, moins chez Aristote que chez Pline, moins chez Théophraste que chez Élien, les traditions, principalement merveilleuses, qui se rapportent aux animaux habitants de la vallée du Nil ou des contrées environnantes;

Se refaire homme enfant, homme primitif soi-même, quand on

(1) II. 10.
(2) *Gr. Egypt.*, p. 363.

se retrouve placé au milieu des circonstances naturelles qui ont contribué à la formation du système symbolique des Egyptiens ; ne négliger pour cet objet aucun détail fourni par la nature ou les usages propres à la contrée :

Telle est la tâche difficile à force de simplicité que l'étude de l'antique Egypte impose à ceux qui prétendent contribuer à ses progrès.

J'ai été le témoin de plusieurs applications frappantes de cette méthode.

Le second caractère qui entre dans la composition du nom du dieu Atmou (1) (le soleil dans l'hémisphère inférieur) est un traîneau qui sert encore en Egypte à séparer dans l'aire le grain de la paille. Il a fallu voir cette antique machine en action pour deviner l'origine du caractère qui la représente fidèlement.

Le moineau, la gazelle, sont des emblèmes d'impureté, de mal (2). Il a fallu être témoin des dégâts que les nuées de passereaux causent dans les moissons de l'Egypte, des dévastations que les gazelles opèrent la nuit dans les plantations, pour se faire une idée de l'horreur que ces animaux ont dû inspirer à un peuple dont la civilisation était basée sur l'agriculture.

Le nom hiéroglyphique de la ville de Thèbes a pour symbole déterminatif un quart de cercle dont la partie courbe se présente dans un sens opposé à la direction de l'écriture. Long-temps on dut chercher l'explication de ce symbole, quand enfin la flottille qui portait l'expédition scientifique de Champollion, en faisant voile vers la Nubie, aperçut sur la rive une suite de hautes mangeoires, formées d'un torchis de paille et de limon, lesquelles présentaient sur le profil le demi-cercle du symbole affecté au nom de Thèbes. Ces crèches étaient destinées à de grands troupeaux de bœufs. On se souvint alors que, dans les textes richement développés, on voyait souvent un taureau placé devant le symbole de la ville de Thèbes. On reconnut dès lors une crèche (3)

(1) Gr. Ég., p. 110 et *passim*.
(2) Gr. Ég., p. 102 et 103.
(3) Voy. Gr. Égypt., p. 440, *note* 1.

dans ce symbole, empreinte naïve de la simplicité qui avait présidé aux premières combinaisons graphiques des Égyptiens.

La tâche de l'archéologie égyptienne ne se borne pas à ce genre d'investigation. Les livres hermétiques, les restes épars de la doctrine des Gnostiques, l'usage que ces sectaires faisaient de certains symboles, les monuments nombreux qui nous sont restés de leurs croyances, tout ce domaine confus et obscur de rêveries contradictoires réclame un examen nouveau, éclairé désormais par l'intelligence des monuments plus anciens.

L'anathème prononcé par des hommes d'une haute autorité dans la science contre cette partie des études de l'antiquité doit enfin être levé. Parce qu'un homme se croira de la raison, de la sagacité, de la science, il ne dédaignera pas d'apprendre ce qui n'est malheureusement ni raisonnable, ni clair, ni savant.

S'il fallait juger à cette mesure tout ce que l'homme a pensé, tout ce qu'il a voulu, tout ce qu'il a laissé derrière lui dans cette carrière d'un progrès si lent qu'il parcourt depuis tant de siècles, si les choses justes et sensées étaient seules dignes de notre examen, l'histoire de l'esprit humain serait bientôt écrite, et nous n'aurions que faire de chercher la restitution de *l'antique sagesse* dans l'interprétation patiente de ses monuments.

I. Le livre des Hiéroglyphiques a été composé postérieurement à l'établissement des Grecs en Égypte.

II. Il existait, dans les écoles sacerdotales de l'Égypte, des livres semblables, destinés à ceux qui, après avoir acquis la pratique des écritures démotique et hiératique, voulaient arriver à la connaissance approfondie de l'écriture hiéroglyphique.

III. L'original égyptien du livre des Hiéroglyphiques a dû être écrit en lettres démotiques.

IV. Le traducteur grec de l'ouvrage égyptien était un habitant de la Haute-Égypte et vivait au ve ou au vi^e siècle de notre ère.

V. L'ouvrage original a été fortement interpolé et peut-être mutilé dans la traduction.

VI. Le livre d'Horapollon traitait des symboles hiéroglyphiques dans leur sens le plus général, et dans leur application à tous les modes d'expression de la pensée religieuse chez les Egyptiens.

VII. Une intelligence plus saine du texte des Hiéroglyphiques ne contribuera pas moins qu'une connaissance plus étendue des textes originaux à l'usage fructueux des explications fournies par Horapollon.

VIII. Le livre d'Horapollon, en faisant connaître, par des interprétations certaines, l'essence du symbolisme égyptien, indique aussi la voie qu'il faut suivre pour acquérir la notion des symboles dont les Hiéroglyphiques n'ont point parlé.

FIN.

Vu et lu à Paris, en Sorbonne, le 17 août 1838, par le doyen de la Faculté des Lettres de Paris,

J. V. LECLERC.

Permis d'imprimer :
L'Inspecteur-général des Études, chargé de l'Administration de l'Académie de Paris,

ROUSSELLE.

Cette Thèse sera soutenue le mercredi 29 août 1838, par Ch. Lenormant, *licencié ès-lettres, aspirant au grade de docteur.*

www.ingramcontent.com/pod-product-compliance
Lightning Source LLC
Chambersburg PA
CBHW061756060726
47597CB00007B/2962